Für ....

Von ....

Herzlichen Glückwunsch zur Goldenen Hochzeit!

GOLDENE
1971 – 2021
HOCHZEIT

Pattloch

1971 – Ihr heiratet

FÜNF GEMEINSAME JAHRZEHNTE

Ein Wunder, wie die Zeit vergeht! In dem Jahr, in dem ihr euch das Jawort gebt, erhält Kanzler Willy Brandt den Friedensnobelpreis. In Ostberlin wird Walter Ulbricht von Erich Honecker entmachtet. In Vietnam tobt ein Krieg, gegen den weltweit protestiert wird, und auf dem Mond fahren NASA-Astronauten spazieren. Es sind bewegte Zeiten und im darauffolgenden halben Jahrhundert wird sich die Welt gehörig verändern. Aber zumindest eine Sache wird sich all die Jahre über als beständig erweisen: eure Ehe.

Ihr habt alle Schwierigkeiten und Hindernisse, die euch auf eurem gemeinsamen Weg begegnet sind, mit Bravour gemeistert und könnt nun ganz entspannt auf das Jahr eurer Hochzeit zurückblicken. Aber wie war das eigentlich? Welche Filme liefen 1971 im Kino, was waren die musikalischen Highlights des Jahres und was hatte das Fernsehprogramm zu bieten? Mit diesem Buch könnt ihr euch noch einmal auf eine kleine Zeitreise begeben, um herauszufinden, was 1971 zu einem ganz besonderen Hochzeitsjahr machte. Viel Spaß dabei!

UNBESCHWERT

Egal, ob ihr euch gemeinsam auf Abenteuer begebt oder in der Sonne auf dem Rasen faulenzt, die Chemie zwischen euch stimmt einfach.

GUTE AUSSICHTEN

Euch steht eine lange und erfolgreiche Zukunft bevor. Euer gemeinsamer Weg wird nicht immer nur gradlinig verlaufen, aber ihr werdet an den Herausforderungen wachsen.

ANGETANZT

Wie habt ihr euch kennengelernt? Bei einer wilden Party, im Büro oder in der Natur? War es Liebe auf den ersten Blick?

1971

HOCHZEIT

Ihr traut euch!

EIN BUND FÜRS LEBEN

So eine Hochzeit zu planen ist schon eine aufregende und oft nervenaufreibende Angelegenheit! Unzählige Fragen müssen im Vorfeld geklärt werden: Soll die Trauung nur standesamtlich oder auch kirchlich stattfinden? Wen wollt ihr einladen? Nur die allerengsten Freunde und Angehörigen oder gleich den halben Bekanntenkreis inklusive entfernter Verwandtschaft? Was soll es zu essen geben und wo? Haben überhaupt alle Gäste Platz? Und dann ist da noch die Frage nach dem perfekten Termin …

Umso schöner ist es, wenn der ganze Vorbereitungsstress vorüber ist und alles gut geklappt hat. Am Ende ist es auch nicht allzu schlimm, wenn man nicht alle Hochzeitsbräuche bis ins letzte Detail befolgt. Gerade in Zeiten, in denen sich immer mehr Paare sogar bewusst gegen die Ehe entscheiden, besteht kein großer Druck, eine prunkvolle Märchenhochzeit auszurichten. Es geht schließlich vor allem um die Liebe und eure Verbundenheit, und nicht so sehr um die Zeremonie an sich.

POLTERABEND

Es am Vorabend der Hochzeit noch einmal krachen zu lassen ist ja schön und gut. Leider gehört zu dem Ritual auch das Aufräumen hinterher.

LAMPENFIEBER

Vor dem finalen Auftritt beim Standesamt können Braut und Bräutigam in letzter Minute noch einmal das Prozedere im Kopf durchgehen.

NUR NOCH DIE UNTERSCHRIFT

Jetzt habt ihr es schwarz auf weiß: Ihr gehört zusammen!

Cineastische Provokationen

NACKTE HAUT UND RAUCHENDE PISTOLEN

Wer 1971 unverfängliche Unterhaltung sucht, wird sie im Kino nur schwerlich finden. Zwar laufen allerlei seichte Komödien an, die meisten davon fallen aber in eine ganz bestimmte Kategorie: Sexploitation. War im Vorjahr schon der „Schulmädchen-Report" die erfolgreichste deutschsprachige Filmproduktion, nimmt diesen Platz nun wenig überraschend die gleichermaßen schlüpfrige Fortsetzung „Der neue Schulmädchen-Report. 2. Teil: Was Eltern den Schlaf raubt" ein. Frisch Vermählten kann zwar an sich egal sein, was pubertierende Schülerinnen in ihrer Freizeit angeblich treiben, aber die umtriebigen Damen im ebenfalls äußerst populären „Hausfrauen-Report" oder die Herren im „Ehemänner-Report" sollte man sich dann vielleicht doch nicht zum Vorbild nehmen.

Auch sonst gibt es auf der Leinwand wenig Sittsames zu sehen. Clint Eastwood legt sich als „Dirty Harry" mit einem Serienmörder an und Sean Connery spielt zum letzten Mal den Playboy und Geheimagenten James Bond. Ein rauer Umgangston steht da auf der Tagesordnung.

SCHMUSEKÄTZCHEN

Im Dezember läuft die deutsche Synchronisation von Disneys „Aristocats" in den Kinos an. Der Familienfilm kommt beim Publikum sogar ganz ohne Skandal gut an.

WISST IHR'S?

Welche italienische Westernkomödie läuft in diesem Jahr mit großem Erfolg in den deutschen Kinos an und macht das Genre hierzulande populär?

Antwort:
Die rechte und die linke Hand des Teufels

TRAGISCHE FERIENROMANZE

In „Sommer '42" verliebt sich der Jugendliche Hermie in die schöne Dorothy, deren Mann als Soldat im Zweiten Weltkrieg kämpft.

WAS ELTERN DEN SCHLAF RAUBT

Als Pseudodoku gibt „Der neue Schulmädchen-Report" vor, reale gesellschaftliche Verhältnisse abzubilden. Ob wirklich so viele Schülerinnen ein Verhältnis mit ihrem Lehrer eingehen, ist allerdings mehr als fraglich.

Musikalische Desillusionierung

HÄRTERE TÖNE

Ein Hauch von Melancholie durchzieht die Rockmusik. Der frühe und unerwartete Tod großer Idole wie Jimi Hendrix, Janis Joplin und Frontmann Jim Morrison von The Doors hat tiefe Wunden hinterlassen. Und auch die Beatles gibt es seit letztem Jahr nicht mehr. Von Flower Power findet sich kaum noch eine Spur, die Musik wird im Allgemeinen deutlich härter. Die Rolling Stones und The Who geben sich frech wie eh und je und veröffentlichen mit „Sticky Fingers" beziehungsweise „Who's Next" zwei kommerziell erfolgreiche und bei Kritikern beliebte Alben, aber es sind vor allem relativ junge Progressive- und Hard-Rock-Bands wie Pink Floyd und Led Zeppelin, die nun ins Rampenlicht drängen.
Das ins Hintertreffen geratene Genre des deutschen Schlagers hat es da schwer, sich zu behaupten. Im österreichischen Rundfunk ist er gar vom „Schnulzenerlass" von 1968 bedroht, laut dem internationalen Popsongs der Vorzug gegeben werden soll. Hin und wieder gelingt es aber doch auch einem deutschsprachigen Liebeslied, die Charts zu stürmen. Roy Black ist dieser Tage der beste Kandidat für eine solche Meisterleistung.

KREATIVE PARTNERSCHAFT

Schon vor der Auflösung der Beatles haben John Lennon und seine Frau Yoko Ono die Plastic Ono Band gegründet. Sie fungiert vor allem als Begleitband für die Soloprojekte des Ehepaars.

NUMMER-1-HITS IN DEUTSCHLAND 1971

Miguel Ríos: **A Song of Joy**
George Harrison: **My Sweet Lord**
Lynn Anderson: **Rose Garden**
Creedence Clearwater Revival: **Hey Tonight**
Danyel Gérard: **Butterfly**
The Sweet: **Co-Co**
Peret: **Borriquito**
Pop Tops: **Mamy Blue**

KINDERSCHLAGER

Roy Black singt „Schön ist es, auf der Welt zu sein" im Duett mit der zehnjährigen Norwegerin Anita Hegerland. Es wird sein letzter großer kommerzieller Erfolg sein.

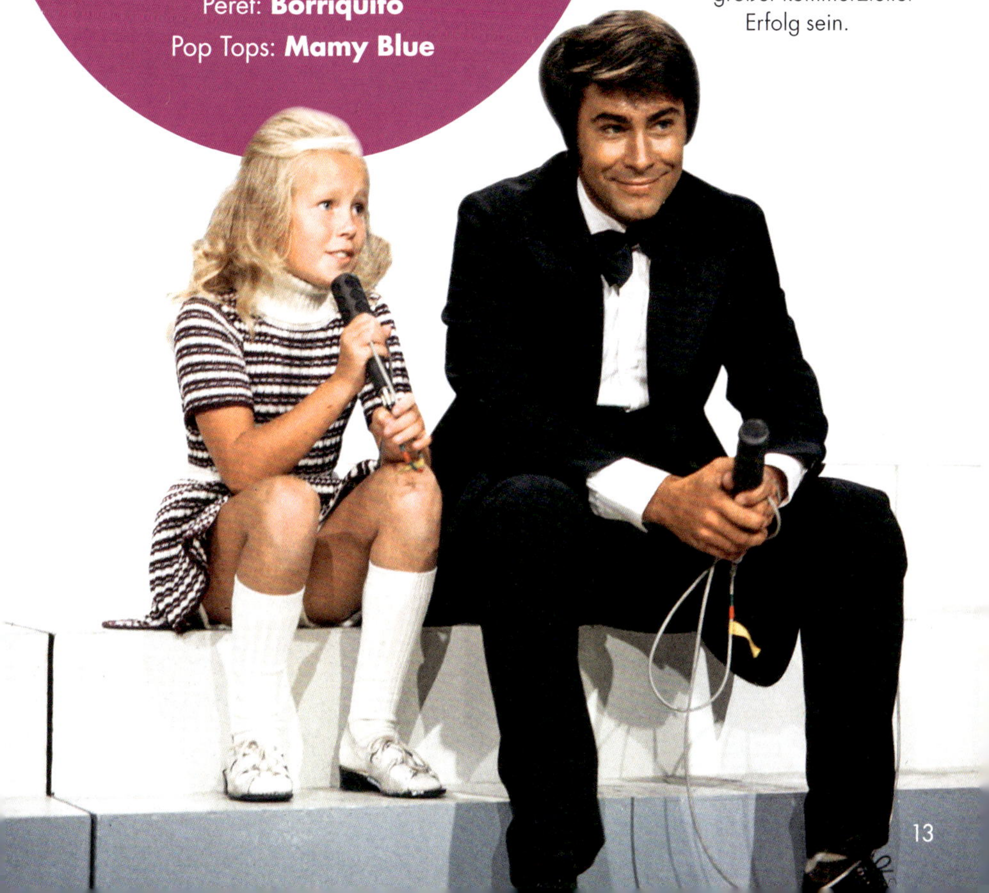

Schick ins Eheleben

MODISCHES KUDDELMUDDEL

„Hauptsache bunt!", scheint der Leitgedanke der Mode in diesem Jahr zu sein. Schlaghosen, Overalls, Miniröcke und vor allem natürlich die provokanten neuen Hotpants, das alles kann man in den verrücktesten Mustern und Farbkombinationen kaufen. Einen strikten Dresscode gibt es eigentlich nicht. Allgemein gilt aber eine schlanke Figur als erstrebenswert, was sich im oft sehr knappen Schnitt der Kleidung widerspiegelt. Dazu passt auch, dass sich Sportausstattung zunehmend als Alltagsmode durchsetzen kann.

Ein bestimmtes Kleidungsstück darf bei einer Hochzeit natürlich nicht fehlen: das Brautkleid. Wie dieses auszusehen hat, ist aber fast vollständig dem persönlichen Geschmack überlassen. Manche Bräute bevorzugen klassischere Formen, andere sind bereit, an Armen und Dekolleté etwas mehr Haut zu zeigen. Ob glamourös oder bewusst schlicht, mit langer Schleppe oder komplett ohne Kopfputz, geblümt oder mit geometrischen Mustern, fast alles steht zur Auswahl. So manche Frau schreitet sogar im Hosenanzug zum Traualtar.

EIN TRAUM IN WEISS

Der allgemeine Trend zu knalligen Farben macht immerhin vor der Brautmode halt. Außergewöhnliche Schnittmuster gibt es hier aber allemal zu bewundern.

MIT ODER OHNE SCHLAG?

Modebewussten Knöcheln wird entweder extra viel oder überhaupt keine Luft zum Atmen gelassen. Dazu gibt's ein hübsches Paar Lederschuhe in der persönlichen Lieblingsfarbe.

WISST IHR'S?

Welches Kleidungsstück durchläuft in der DDR Anfang der 70er-Jahre einen Wandel vom Symbol der Rebellion zum unverfänglichen Alltagsoutfit?

Antwort:
Die Jeans

SCHÖN SCHRILL

Wer sagt denn, dass man mit Hemd und Krawatte automatisch spießig aussieht? Grelle Farben sind der letzte Schrei!

Alltagsflucht

ENTSPANNUNG PUR

1971 steht für euch nicht irgendein Urlaub an – ihr fahrt dieses Jahr in die Flitterwochen! Für eine Weile koppelt ihr euch vom Alltag und der Welt ab und genießt die traute Zweisamkeit. Die beliebtesten Reiseziele sind altbekannte Dauerbrenner, allen voran Österreich mit seinen Skipisten und Wanderrouten. Für Freunde des sonnigen Strandurlaubs bleibt Italien das Nonplusultra, dort hat man sich schon voll und ganz auf die umsatzstarke deutsche Kundschaft eingerichtet. An der Adria wird im Sommer scheinbar überhaupt nicht mehr Italienisch gesprochen und die Alpenpässe werden zu hochfrequentierten Passagen in den Süden. Auch Frankreich, Spanien und Jugoslawien ziehen zunehmend Urlauber an. Die Grenzen Europas verlassen bislang nur wenige Mutige oder Gutbetuchte. Aber letzten Endes kann man sich natürlich auch in einer anderen Ecke Deutschlands eine ganz besondere Auszeit nehmen, oder?

LEBEN AUS DEM RUCKSACK

Manche lieben das Abenteuer und reisen nur mit dem, was in einen größeren Rucksack passt. Mit dem Zug geht es dann kostengünstig von Station zu Station.

STÄDTETRIP

Wer sich statt für Strand und Berge eher für Kulturtourismus interessiert, kann seine Flitterwochen natürlich auch in der Stadt der Liebe verbringen.

AUSGELASSEN

Ein paar unbeschwerte Tage lang muss man sich keinerlei Sorgen machen und kann das Leben in vollen Zügen genießen.

GUT UNTERGEBRACHT

Gerade für die Flitterwochen darf es gerne eine etwas gehobenere Unterkunft sein. Ob schickes Hotel oder malerisches Landhaus, ihr habt die Qual der Wahl.

Spezialitäten aus aller Welt

EXOTISCHE AROMEN

Wenn Liebe wirklich durch den Magen geht, nimmt sie äußerst exotische Auswüchse an. Die gute deutsche Hausmannskost ist sicherlich nicht vom Aussterben bedroht, aber sie erhält schlagkräftige Konkurrenz aus dem Ausland. Das fängt allein schon mit der Pizza an, die man dank findiger italienischer Einwanderer nicht länger nur im Strandurlaub, sondern auch im gemütlichen Restaurant um die Ecke genießen kann. In München eröffnet im Dezember der erste deutsche Ableger einer gewissen amerikanischen Fast-Food-Kette. Und auf der Allgemeinen Nahrungs- und Genussmittelausstellung in Köln wird die bundesdeutsche Öffentlichkeit erstmals mit Kuriositäten wie Kiwis, Mangos und Papayas vertraut gemacht. Südfrüchte sind wortwörtlich in aller Munde, zumal viele davon als besonders gesund gelten. Da kann man schon verstehen, dass die deutsche Agrarwirtschaft ein bisschen nervös wird und die Werbekampagne „Aus deutschen Landen – frisch auf den Tisch" ins Leben ruft, um dem Trend zur Exotik Einhalt zu gebieten.

SCHNELLE KÜCHE

Da soll noch einer sagen, Fast Food wäre ein amerikanisches Phänomen! Auch in der DDR finden sich Imbissbuden, die Bürger auf die Schnelle ordentlich mit Kalorien versorgen.

DOLCE VITA FÜR TEUTONEN

Auf ausländische Küche spezialisierte Restaurants breiten sich aus. Besonders beliebt sind italienische Pizza- und Pastagerichte.

DIES, DAS, ANANAS

Die Ananas schleicht sich dieser Tage in alle erdenklichen Gerichte ein. Ob sie auf dem Rehbraten wirklich etwas zu suchen hat? Im wahrsten Sinne des Wortes Geschmackssache.

:IN REZEPT FÜR JEDEN TAG

Wir kochen gut" ist seit Anfang der 60er-Jahre as DDR-Kochbuch schlechthin. Die Rezepte verden von einem Expertenteam entwickelt und ı der verlagseigenen Versuchsküche erprobt.

Korruption in der Bundesliga

BETRUGSSKANDAL

Das Sportjahr 1971 wird vor allem von den Debatten um den Bundesliga-Skandal dominiert. Horst-Gregorio Canellas, Vereinspräsident der Kickers Offenbach, spielt auf der Feier zu seinem 50. Geburtstag ein Tonband ab, aus dem hervorgeht, dass mehrere bedeutende Fußballspieler Bestechungsgelder angenommen haben, um den Ausgang entscheidender Spiele zu manipulieren. Die Vereine Rot-Weiß Oberhausen und Arminia Bielefeld wollten damit ihren Abstieg verhindern, verlieren nun aber nicht nur ihren Erstligastatus, sondern auch ihre Spiellizenz. Die beteiligten Spieler werden mit Geldbußen und Sperren belegt, die Aufarbeitung des Skandals wird sich noch über Jahre hinziehen.

MANN DER STUNDE

Horst-Gregorio Canellas ist die Aufdeckung des Bundesligaskandals zu verdanken, indem er zum Schein am Telefon auf ein Bestechungsangebot eingegangen ist.

NIEDERLAGE

Boxlegende Muhammad Ali darf nach drei Jahren Sperre endlich wieder in den Ring steigen. Am 8. März tritt der unbesiegte ehemalige Schwergewichtsweltmeister Ali gegen den amtierenden Schwergewichtsweltmeister Joe Frazier an – ein Kampf, der für Ali mit einer Niederlage endet und als „Thrilla in Manila" in die Annalen eingeht.

Gemeinsam wohnen

PLATZMANGEL

Babyboom und Zuwanderung machen sich auf dem Wohnungsmarkt schmerzlich bemerkbar: Die Städte platzen aus allen Nähten. Dementsprechend ambitioniert sind viele der neuen Siedlungsbauprojekte. Ganze Vororte und Trabantenstädte werden aus dem Erdboden gestampft, riesige Wohnanlagen aus Beton prägen die Szenerie. Wenn sie auch nicht immer höheren ästhetischen Ansprüchen genügen, bieten sie doch erschwinglichen und oft durchaus komfortablen Wohnraum inmitten gut ausgebauter Infrastruktur. Und ein gewisses Händchen für geschmackvolle Inneneinrichtung gleicht die oft nicht sehr abwechslungsreiche Fassadengestaltung sowieso allemal wieder aus.

COCKTAILS IM KELLER

Wer sich ein eigenes Haus leisten kann, richtet im Keller meist einen Hobbyraum inklusive Bar ein. Feuchtfröhlichen Abenden mit den neuen Nachbarn steht dann nichts mehr im Weg.

SCHÖNER WOHNEN

Heute als Betonwüsten verschrien, bieten Plattenbauten in den 70er-Jahren modernen Luxus. Immerhin sind alle Wohnungen mit eigenem Bad und Zentralheizung ausgestattet.

Eheliches Zusammenleben

GELEBTE GLEICHBERECHTIGUNG

Die Zeiten ändern sich. Alte Grundsätze des Ehelebens sind keineswegs mehr in Stein gemeißelt. Das ist vor allem der 68er-Bewegung zu verdanken, die eine neue Feminismuswelle mit sich gebracht und ein Umdenken in Sachen Partnerschaft und Kindererziehung angeregt hat. Das heißt nicht, dass das Rad völlig neu erfunden wurde, in den allermeisten Fällen wird der Ehemann nach wie vor der Hauptverdiener sein. Aber dass beide Ehepartner für eine Weile arbeiten gehen, um vor dem Kinderkriegen ein ordentliches Finanzpolster anzulegen, ist immer mehr zu beobachten. Und ist der Nachwuchs erst einmal da, schrecken auch Väter nicht länger vor einst reinen Frauenaufgaben wie Füttern und Wickeln zurück. Von einer starren Rollentrennung kann man nicht mehr wirklich sprechen und die eheliche Teamarbeit muss sich erst einmal richtig einpendeln. Aber bei euch hat das Zusammenleben ja offensichtlich geklappt, wie dieses Jubiläum beweist!

NACHWUCHS

Der Austausch mit anderen werdenden oder frisch gebackenen Eltern legt manchmal den Grundstein für langjährige Freundschaften.

KÜCHENCHEFIN

Am Ende des Tages übernimmt dann doch meist die Hausfrau das Kochen. Das ist in kulinarischer Hinsicht vielleicht auch die weiseste Entscheidung ...

GEBORGENHEIT

Ist Nachwuchs im Haus, genießt nun auch der Vater die Kuscheleinheiten in vollen Zügen.

1971

Mick Jagger, Sänger der Rolling Stones, heiratet am 12. Mai die nicaraguanische Menschenrechtsaktivistin Bianca Pérez-Mora Macias, die im Oktober die gemeinsame Tochter Jade zur Welt bringt. 1978 reicht Bianca die Scheidung ein.

Am 22. Mai heiraten Rudolf Graf und Herr von Schönburg-Glauchau und Marie Louise Prinzessin von Preußen. Sie bekommen mehrere Kinder und betreiben ein Hotel im andalusischen Marbella.

Am 5. Juli geben sich mit Agnetha Fältskog und Björn Ulvaeus zwei spätere ABBA-Mitglieder das Jawort. Die beiden trennen sich 1978 wieder und heiraten später andere Partner, ABBA überlebt ihre Ehe jedoch um einige Jahre. Sie haben zwei gemeinsame Kinder.

HOCHZEITEN DES JAHRES

Um zu ihrer Hochzeitslocation in Teheran zu kommen, müssen die Schweizer Wasserskifahrerin Marina Ricolfi Doria und der letzte italienische Kronprinz Viktor Emanuel von Savoyen erst einmal ein Flugzeug besteigen. Sie sind bis heute verheiratet und haben einen gemeinsamen Sohn.

Tennisprofi Ingo Buding heiratet am 10. August in Düsseldorf Claudia Mommsen, die Mutter des zu diesem Zeitpunkt zweijährigen späteren Schauspielers Oliver Mommsen.

Die Ehe von Juristin Etta Eckel und Bundeswirtschafts- und Finanzminister Karl Schiller, der schon vier Kinder aus zwei früheren Ehen hat, wird nur zwei Jahre halten, aber die Parteipolitik der SPD gründlich durcheinanderwirbeln.

Todesfalle Auto?

SICHERHEITSLÜCKEN

Allein in diesem Jahr werden in der BRD über zwei Millionen Autos neu zugelassen. Die Gesamtzahl der Pkw kratzt damit an der 14-Millionen-Marke. Die neu errungene Mobilität macht vieles einfacher, bringt aber leider auch Probleme mit sich. Nach Feierabend im Stau zu stehen ist bald keine Seltenheit mehr, und gefährlicher werden die Straßen obendrein: Allein in Westdeutschland sind 1971 fast 19.000 Verkehrstote zu beklagen, kaum weniger als im Rekordjahr 1970. In der DDR, wo es deutlich weniger Autos gibt, ist die Situation etwas entspannter, aber auch hier wird der Ruf nach besseren Sicherheitsvorkehrungen lauter. Die Politik kann sich bislang aber nicht zu konsequenten Reformen durchringen, sodass vorerst das Verantwortungsbewusstsein der Verkehrsteilnehmer und der Geschäftssinn der Autohersteller gefragt sind. Letztere bauen nämlich auch ohne rechtliche Vorgaben inzwischen fast immer Knautschzonen und Gurte in ihre Fahrzeuge ein, um auf ein eventuelles Nachziehen der Politik vorbereitet zu sein.

SAUBERE LUFT

Bisher bei der Fahrzeugwahl kaum ein Faktor, jetzt aber immer bedeutender: der Umweltschutz. Da strampelt man doch gerne ein bisschen, um unnötige Abgase zu vermeiden.

DREH-FIX

Wem es im Standard-Trabi zu ungemütlich ist, der kann sich solchen Luxus wie einen Rückenlehnenversteller nachträglich einbauen lassen.

BLECHLAWINE

Das Straßennetz ist an den Grenzen seiner Kapazität angelangt und muss in den kommenden Jahren massiv ausgebaut werden.

Große Premieren

ERWEITERTE AUSWAHL

Premieren über Premieren! Gleich mehrere Klassiker des deutschen Fernsehens geben in diesem Jahr ihr Debüt! In der DDR geht am 27. Juni erstmals „Polizeiruf 110" auf Sendung. Anders als beim westdeutschen Gegenstück „Tatort" handelt es sich hier oft nicht um Mordfälle, sondern um Verbrechen aller Art. Das Format ist so erfolgreich, dass es die DDR überleben und später auch im Westen Anklang finden wird.

Im Westen haben die Sendeanstalten den Wert eines Kinderprogramms mit erzieherischem Anspruch erkannt und erweitern ihr Angebot dementsprechend mit ersten, oftmals experimentellen Sendungen. Der Nachwuchs wird sich später über die „Sendung mit der Maus" freuen können, die 1971 als „Lach- und Sachgeschichten für Fernsehanfänger" in der ARD eingeführt wird.

Auch erste, zunächst noch unsynchronisierte Folgen der „Sesamstraße" gibt es nun zu sehen. Da kann man den Fernseher ja fast schon in den Familienalltag miteinbeziehen!

DIE MAUS MIT DER SENDUNG

Die animierte Maus ist zunächst nur Hauptfigur einer einzelnen Lachgeschichte, ehe sie zum offiziellen Maskottchen der Serie befördert wird. Ihr Freund, der blaue Elefant, debütiert erst 1975.

SO EIN FUCHS!

„Polizeiruf 110" hat zwar keinen zentralen Hauptcharakter, Peter Borgelt spielt während der ersten 20 Jahre der Serie jedoch insgesamt 84-mal den VP-Oberleutnant und späteren Hauptmann Fuchs.

WISST IHR'S?

Welcher Roman von Jack London wird vom ZDF als Vierteiler verfilmt und ab Dezember ausgestrahlt?

Antwort:
Der Seewolf

MUSIK-TV ALLER ART

Musikshows gehören zum Standardrepertoire sämtlicher Sender. Während manche noch am Schlager festhalten, fokussieren sich andere auf Pop und Rock.

1971

TECHNIK

Wettlauf ins All

MONDSPAZIERFAHRT

Der Weltraum: unendliche Weiten. Unendliches Potenzial, sich als die größte Raumfahrernation der Erde zu beweisen. Dass es den USA bereits gelungen ist, die ersten Menschen auf die Mondoberfläche zu befördern, ist noch lange nicht genug. 1971 starten daher gleich zwei Mondmissionen der NASA, nämlich Apollo 14 im Januar und Apollo 15 im Juli. Die Astronauten der letztgenannten Mission verleihen dem guten alten Mondspaziergang sogar einen neuen Twist, indem sie mit dem eigens dafür entwickelten Lunar Rover eine Spritztour unternehmen. Der Fehlschlag von Apollo 13 ist da fast schon vergessen. Die Weltraumabenteuer der Sowjetunion stehen dagegen unter keinem guten Stern: Zwar kann mit Saljut 1 die erste Raumstation der Menschheitsgeschichte in Betrieb genommen werden, die drei beteiligten Kosmonauten kommen bei der Rückreise zur Erde jedoch auf tragische Weise ums Leben. Es sind die ersten und bislang einzigen menschlichen Todesfälle außerhalb der Erdatmosphäre.

MONDFLITZER

Statt eines Spaziergangs steht für die Astronauten der Apollo 15-Mission eine kleine Rundfahrt im Lunar Rover auf dem Programm.

WISST IHR'S?

Wohin entsenden im Mai sowohl die USA als auch die Sowjetunion eine Sonde?

Antwort:
Zum Mars

SIE HABEN POST

Im US-amerikanischen Forschungsnetzwerk ARPANET, einem Vorläufer des Internets, wird zwischen zwei nebeneinanderstehenden Computern die erste E-Mail verschickt. Sie enthält bereits das bekannte @-Zeichen. Der Inhalt der Mail ist nicht überliefert.

HANDLICH

Am 15. November kommt mit dem Intel 4004 erstmals ein Mikroprozessor auf den Markt. Über die Taktfrequenz von 500 bis 740 kHz kann man heute nur noch schmunzeln.

Konsumfreude

BESTENS VERSORGT

Noch ist die erste große Ölpreiskrise knapp zwei Jahre entfernt – dementsprechend gut ist es um das Konsumverhalten der Deutschen bestellt. Produkte, die wenige Jahre zuvor noch als seltener Luxus galten, sind Teil des Alltags geworden. Die Industrie würde den Konsum natürlich gerne ins Unermessliche erweitern und preist daher ihre neuesten Errungenschaften an. Im Rundfunk, der fest in öffentlich-rechtlicher Hand liegt, hält sich die Menge an Werbung in Grenzen, aber die zahllosen Plakate stellen schon geradezu eine eigene Kunstform dar. Im Allgemeinen dominieren minimalistische Designs mit einfachen geometrischen Formen und satten Farben die Litfaßsäulen und Plakatwände.
Viele Verbraucher fühlen sich von der Werbung nicht nur nicht belästigt, sondern entwickeln sogar ein aktives Interesse daran, regelmäßig über aktuelle Angebote informiert zu werden. Versandhauskataloge sind in beinahe jedem Haushalt zu finden und der bequeme Handel von zu Hause blüht und gedeiht. Dass so mancher der angepriesenen Artikel wenig später im hintersten Winkel eines Schranks verstauben wird, tut der Kauflaune keinen Abbruch.

SEXUELLE REVOLUTION

Selbst für Kondome gibt es jetzt schon großflächige Plakatwerbung. Zugegebenermaßen muss man allerdings das Kleingedruckte lesen, um den Sinn der Anzeige zu verstehen.

DEEN-IMPORT

Oft reicht schon der Verweis ıuf die Herkunft eines Produkts vie bei diesen Dosenhühnern m Rahmen einer Verkaufsaktion „Gutes aus den USA", um das nteresse der Verbraucher zu wecken.

TRAUTES HEIM

Designmagazine bieten mannigfaltige Anregungen, wie man sein Zuhause im Alltag und für Feiern effektvoll dekorieren kann. Manchmal werden auch gleich Einkaufstipps mitgeliefert.

1971

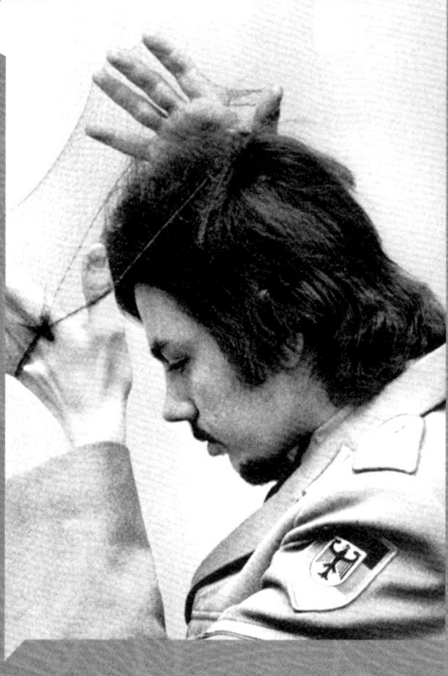

WASSER MARSCH!

Am 15. Januar wird in Ägypten der Assuan-Staudamm eingeweiht. Mit von der Partie ist Nikolai Podgorny, der Präsident der Sowjetunion, die am Bau beteiligt war. Der Assuan-Staudamm ersetzt einen älteren Damm vom Beginn des 19. Jahrhunderts, der zu klein angelegt war und daher seiner Aufgabe als langfristiger Wasserspeicher und als Flutabwehr nicht gerecht wurde.

HIPPIES WILLKOMMEN

Seit Februar sind bei der Bundeswehr lange Haare erlaubt. Sie müssen aber mit einem Haarnetz gebändigt werden, damit sie den Soldaten nicht in der Sicht behindern. Nach viel Spott von allen Seiten und einer Reihe von Ausfällen, weil sich langhaarige Soldaten angeblich wegen nasser Haare erkältet haben, wird der Haarnetz-Erlass wieder aufgehoben.

WAS SONST NOCH GESCHAH

MANSON-PROZESS

Am 29. März endet nach über neun Monaten der bis dato längste Mordprozess der US-Geschichte mit der Verurteilung Charles Mansons und drei seiner Anhänger zum Tod. Die kalifornische Regierung schafft 1972 die Todesstrafe ab und das Urteil wird deshalb in lebenslange Haft umgewandelt.

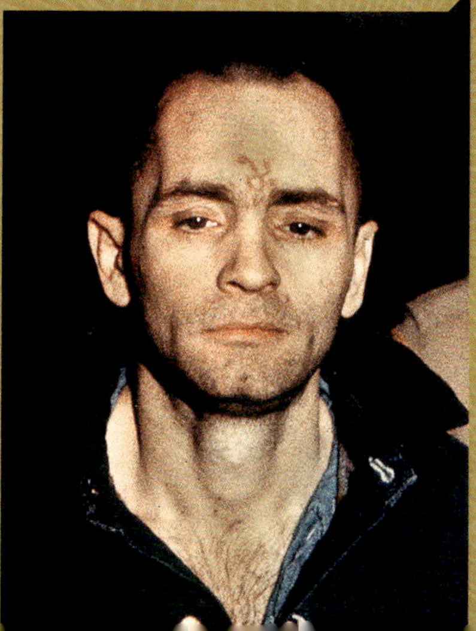

ENTSPANNUNG

Für seine um Deeskalation und Dialog bemühte Ostpolitik wird Bundeskanzler Willy Brandt mit dem Friedensnobelpreis ausgezeichnet. Die Nachricht von der Preisverleihung erreicht Brandt überraschend am 20. Oktober während einer Haushaltsdebatte des Deutschen Bundestages.

1971 IHR HEIRATET

1971 – 2021

1972 OLYMPIA IN MÜNCHEN

Die Olympischen Sommerspiele in München werden überschattet von der Geiselnahme der Athleten der israelischen Mannschaft durch palästinensische Terroristen. Bei der misslungenen Befreiungsaktion durch die Polizei kommen alle neun Geiseln ums Leben.

1973 FAHRVERBOT

Wegen der Ölkrise erlässt Deutschland an mehreren Sonntagen ein allgemeines Pkw- und Lkw-Fahrverbot.

1974 RUMBLE IN THE JUNGLE

Als erstes sportliches Großereignis Afrikas findet in Zaire der Jahrhundert-Boxkampf zwischen George Foreman und Muhammad Ali statt. Der Außenseiter Ali schlägt vollkommen unerwartet den als unbesiegbar geltenden Foreman.

1975 INTERNATIONALES JAHR DER FRAU

Die Vereinten Nationen rufen 1975 das Internationale Jahr der Frau aus. In Island beteiligen sich 90 Prozent aller Frauen an einem Frauenstreik, der das öffentliche Leben einen Tag lang zum Stillstand bringt.

1977 DEUTSCHER HERBST

Am 5. September entführen Terroristen der RAF Arbeitgeberpräsident Hanns Martin Schleyer. Am 18. Oktober wird er ermordet. Die Geiselnahme ist der Höhepunkt des linken Terrorismus im sogenannten Deutschen Herbst.

1978 DER HEILIGE STUHL

Nach nur 33 Tagen im Amt stirbt Papst Johannes Paul I. völlig überraschend. Sein Nachfolger ist nach 400 Jahren zum ersten Mal kein Italiener mehr, sondern Pole. Der Erzbischof von Krakau, Karol Wojtyła, wird als Johannes Paul II. vom Konklave zum Papst gewählt.

1979 FRAU AN DER MACHT

Margaret Thatcher wird die erste weibliche Premierministerin des Vereinigten Königreiches. Sie ist gleichzeitig die erste weibliche Regierungschefin in Europa.

1980 EIN OSCAR FÜR OSKAR

Als erster deutscher Film erhält „Die Blechtrommel" von Volker Schlöndorff einen Oscar in der Kategorie Bester fremdsprachiger Film.

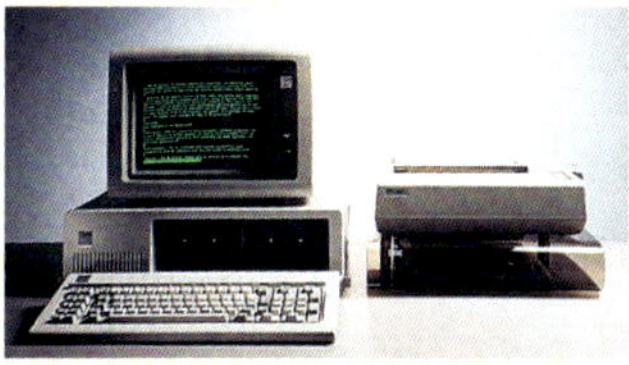

1981 EIN NEUES ZEITALTER

IBM stellt mit dem IBM 5150 den ersten Personal Computer (PC) vor. Er hat noch keine Festplatte, sondern lediglich bis zu zwei Diskettenlaufwerke. Wirklich erschwinglich sind diese frühen Computer noch nicht. Gemessen an der heutigen Kaufkraft kostete ein IBM PC rund 8.800 Euro.

1982 REGIERUNGSWECHSEL

Bundeskanzler Helmut Schmidt verliert durch ein konstruktives Misstrauensvotum sein Amt. Sein Nachfolger wird der CDU-Politiker Helmut Kohl.

1983 STERN-AFFÄRE

Der Stern veröffentlicht Auszüge aus vermeintlichen Hitler-Tagebüchern. Kurze Zeit später wird klar: Die Journalisten sind einem Betrüger aufgesessen. Die Tagebücher stammen aus der Feder des Kunstfälschers Konrad Kujau, der sie dem Magazin für 9,3 Mio. DM verkauft hatte.

1984 KONTROVERSE

Nach vielen Diskussionen um die Zukunft des deutschen Fernsehens startet 1984 in Deutschland das Privatfernsehen. Die neuen Sender Sat. 1 und RTL finanzieren sich nicht über Rundfunkgebühren, sondern über Werbeeinnahmen.

1985 VERSENKT

Am 10. Juli versenkt der französische Geheimdienst das Greenpeace-Schiff „Rainbow Warrior" im Hafen von Auckland. Bei den Explosionen kommt der Greenpeace-Fotograf Fernando Pereira ums Leben.

1986 SUPER-GAU

Nach einer Kernschmelze kommt es im ukrainischen Atomkraftwerk Tschernobyl zum Super-GAU. Die freigesetzte Strahlung verseucht nicht nur die unmittelbare Umgebung, sondern gelangt mit dem Regen auch bis nach Deutschland.

1987 RISKANT

Der deutsche Hobbypilot Mathias Rust landet mit seiner Cessna auf dem Roten Platz in Moskau. Für das unerlaubte Eindringen in den sowjetischen Luftraum wird er zu vier Jahren Lagerhaft verurteilt, kann aber nach 14 Monaten nach Deutschland zurückkehren.

1988 SENSATIONSFUND

Archäologen graben in Niederösterreich „Fanny – die tanzende Venus vom Galgenberg" aus. Das Figürchen stellt sich als damals älteste bekannte Statue der Menschheitsgeschichte heraus und ist um die 30.000 Jahre alt.

1989 MAUERFALL

Am 9. November öffnet die DDR ihre Grenzen zur BRD. Tausende strömen in den Westen und feiern auf der verhassten Mauer ihre neu gewonnene Freiheit. Ein Jahr später wird Deutschland wiedervereint.

1990 ZWEIMAL FEIERN

Der 17. Juni wird zum letzten Mal als arbeitsfreier Feiertag begangen. Am 3. Oktober wird zum ersten Mal der „Tag der Deutschen Einheit" gefeiert, der künftig den 17. Juni als Nationalfeiertag ersetzt.

1991 IMMER SCHNELLER

Die Deutsche Bahn nimmt die ersten Hochgeschwindigkeitstrassen in Betrieb. Der ICE erreicht Spitzengeschwindigkeiten von fast 300 km/h.

1992 BRANDSTIFTUNG

In Rostock-Lichtenhagen stecken Rechtsradikale ein Asylbewerberheim in Brand. Die Aktion wird von tausenden Schaulustigen und Sympathisanten begleitet, erst nach Tagen gelingt es der Polizei, die Situation unter Kontrolle und die Bewohner in Sicherheit zu bringen.

1993 NEUE POSTLEITZAHLEN

Ab 1. Juli gelten die neuen fünfstelligen Postleitzahlen. Die Umstellung von vier auf fünf Ziffern war durch die Wiedervereinigung notwendig geworden, da rund 800 Orte in Ost und West identische Postleitzahlen hatten.

1994 EPOCHALE WENDE

Nelson Mandela wird zum ersten schwarzen Präsidenten Südafrikas gewählt. Die Wahl ist ein Symbol für das endgültige Ende der Apartheid.

1995 VERKLEIDET

Das Künstlerpaar Christo und Jeanne-Claude verhüllt den Berliner Reichstag. Das Projekt hatte 23 Jahre Vorlaufzeit und lockt Besucher aus der ganzen Welt nach Berlin.

1996 VERHAFTET

In Belgien werden Marc Dutroux und zwei Komplizen festgenommen – zunächst nur im Zusammenhang mit der Entführung zweier Mädchen. Im Laufe der Ermittlungen enthüllt die Polizei ein unvorstellbares Ausmaß an Grausamkeit, das Entführung, sexuellen Missbrauch sowie Mord umfasst.

1997 TRAGISCHER TOD

Prinzessin Diana, die Exfrau des britischen Thronfolgers Prinz Charles, kommt bei einem Autounfall in einem Pariser Tunnel ums Leben. Ihr Fahrer hatte zuvor versucht, eine Gruppe Paparazzi abzuhängen. Das Staatsbegräbnis in London wird weltweit live übertragen und zu einem der größten Medienereignisse der Geschichte.

1998 ROT-GRÜN

Gerhard Schröder wird Regierungschef der ersten rot-grünen Bundesregierung. Er löst Helmut Kohl nach 16 Jahren als Bundeskanzler ab.

1999 BLACKOUT

Der CDU-Schatzmeister Walther Leisler Kiep wird wegen Steuerhinterziehung angeklagt. Im Zuge der Ermittlung kommt es zur sogenannten CDU-Spendenaffäre. Der ehemalige Bundeskanzler Helmut Kohl muss zugeben, in seiner Regierungszeit unversteuerte Parteispenden angenommen zu haben. Die Namen der Spender gibt er nicht preis.

2000 KEINE PANIK

Im Jahr 1999 zittert die Welt vor dem Millennium-Bug. Die sechsstelligen Datumsanzeigen vieler EDV-Systeme könnten beim Jahreswechsel 1999/2000 Probleme haben. Doch zum Glück kommt es zu keinen größeren Zwischenfällen.

2001 9/11

Islamistische Terroristen entführen vier Flugzeuge und verüben Anschläge auf öffentliche Einrichtungen der USA – unter anderem auf die Türme des World Trade Centers in New York. Insgesamt sterben bei den Anschlägen über 3.000 Menschen.

2002 NEUE WÄHRUNG

Zum 1. Januar wird in der Eurozone die neue gemeinsame Währung eingeführt. Bereits 1999 wurde der bargeldlose Zahlungsverkehr auf Euro umgestellt. In Deutschland ist nach der Umstellung oft vom Teuro die Rede, weil der Handel die Chance ergreift, seine Preise anzupassen.

2003 JAHRHUNDERT-SOMMER

Der Sommer 2003 sprengt sämtliche Rekorde. Im August liegen die Mittelwerte teilweise sechs Grad über dem gewöhnlichen Monatsmittel.

2004 GEFÄLLT MIR

An der Harvard-Universität startet der junge Student Mark Zuckerberg eine Internet-Plattform für seine Kommilitonen. Es ist der Grundstein des späteren sozialen Netzwerks Facebook, das heute weit über zwei Milliarden Mitglieder zählt.

2005 MAHNMAL

In Berlin wird das Denkmal für die ermordeten Juden Europas eingeweiht. Auf dem Areal in der historischen Mitte Berlins, in der Nähe des Brandenburger Tors, wurden 2.711 unterschiedlich große Betonstelen errichtet.

2006 ENDLICH FREI

Am 23. August kann die 18-jährige Natascha Kampusch nach 3.096 Tagen Gefangenschaft flüchten. Sie war im Alter von 10 Jahren auf dem Weg zur Schule entführt worden. Ihr Entführer stirbt kurz nach ihrer Flucht.

2007 WETTERKAPRIOLEN

In diesem Jahr wird Europa von Hitzewellen, Überschwemmungen und Stürmen heimgesucht. Der schwerste Sturm, der über Deutschland hinwegfegt, ist Orkan Kyrill.

2008 FINANZKRISE

Die US-amerikanische Bank Lehman Brothers meldet Insolvenz an. Die Weltwirtschaft, die schon seit 2007 in einer Krise steckt, wird dadurch nochmals schwer getroffen.

2009 FRÜHER TOD

Michael Jackson, der King of Pop, stirbt am 25. Juni im Alter von 50 Jahren. Als Todesursache wird eine Vergiftung mit dem Narkosemittel Propofol ermittelt, das Jackson gegen seine Schlafstörungen genommen hatte. Sein Leibarzt wird 2010 wegen fahrlässiger Tötung verurteilt.

2010 GRUBENUNGLÜCK VON SAN JOSÉ

Nach einem Bergschlag ist in einer Kupfer- und Goldmine in Chile eine Gruppe von Bergleuten eingeschlossen. Eine Suchbohrung befördert das erste Lebenszeichen ans Tageslicht: An dem Bohrkopf haben die Eingeschlossenen einen Zettel befestigt mit der Aufschrift „Uns 33 geht es im Schutzraum gut“. Nach mehr als zwei Monaten können sie in einer aufwändigen Rettungsaktion befreit werden.

2011 GAU

Nach einem Erdbeben kommt es in Japan zu einem Tsunami, der weite Teile des Landes verwüstet. Auch das Kernkraftwerk Fukushima wird schwer beschädigt. Bei einer Explosion treten große Mengen radioaktiver Strahlung aus.

2012 DAS ENDE DER WELT

Nach dem Maya-Kalender bricht am 21. Dezember eine neue Zeitrechnung an. Dieses Datum ist Anlass für viele nicht ganz ernst gemeinte Weltuntergangsszenarien in den Medien. Wie erwartet bleibt das Großereignis aus.

2013 WHISTLEBLOWER

Edward Snowden, ehemaliger Mitarbeiter des US-Geheimdienstes NSA, enthüllt Spionagepraktiken der amerikanischen und britischen Geheimdienste. Monatelang befindet er sich auf einer spektakulären Flucht vor den Behörden, bis er in Russland Asyl erhält.

2014 'SCHLAND!

Bei der Fußballweltmeisterschaft in Brasilien wird die deutsche Mannschaft unter Trainer Jogi Löw Weltmeister. Legendär das Halbfinale Deutschlands gegen Brasilien: Die Heimmannschaft wird mit 7:1 Toren vom Platz gefegt.

2015 PERSON OF THE YEAR

Das US-amerikanische Time Magazine ernennt Angela Merkel zur „Person of the Year 2015". Auf dem Cover der Zeitschrift erscheint ein extra zu diesem Anlass in Auftrag gegebenes Ölgemälde der deutschen Bundeskanzlerin.

2016 CAUSA BÖHMERMANN

Nachdem ein auf den türkischen Präsidenten Recep Tayyip Erdoğan abzielender Beitrag der Satiresendung „extra 3" zu diplomatischen Verstimmungen führt, legt der ZDF-Moderator Jan Böhmermann nach und veröffentlicht in seiner Satiresendung ein Schmähgedicht auf Erdoğan, um die Grenzen der Pressefreiheit aufzuzeigen. Erdoğan leitet daraufhin rechtliche Schritte wegen Beleidigung ein.

2017 BREXIT

Entgegen allen Prognosen stimmen die Briten in einem Referendum im Sommer 2016 überraschend für den Austritt aus der EU. Es ist der erste Fall in der Geschichte der EU, in dem ein Land den Staatenbund verlassen möchte. Im Frühjahr 2017 beginnen die Austrittsverhandlungen.

2018 MARCH FOR OUR LIVES

Nach einem Schulmassaker in Parkland, Florida, mit 17 Toten schließen sich landesweit Schülergruppen und Unterstützer zu einer Protestbewegung zusammen, die für härtere Waffengesetze in den USA eintritt und fordert, dass sich die Regierung von der starken Waffenlobby distanziert.

2019 GROSSBRAND

Am Abend des 15. April bricht in Notre-Dame de Paris ein Feuer aus. Den rund 600 Rettungskräften gelingt es erst in den Morgenstunden des darauffolgenden Tages, den Brand vollständig zu löschen. Das Unglück löst internationale Anteilnahme aus, die weitläufigen Spendenaktionen für den Wiederaufbau der Kathedrale erfahren jedoch auch vehemente Kritik.

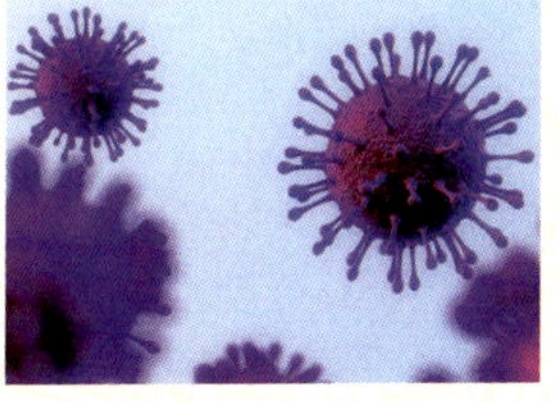

2020 COVID-19-PANDEMIE

Zu Jahresbeginn entwickelt sich ein neuartiges Coronavirus in China zur Epidemie und breitet sich binnen weniger Monate über die ganze Welt aus. Vielerorts werden strenge Hygienevorschriften und Kontakteinschränkungen verhängt, um die Verbreitung der Atemwegserkrankung einzudämmen.

2021 IHR FEIERT GOLDENE HOCHZEIT!

50 gemeinsame Jahre

SCHÖN WAR DIE ZEIT!

Seit einem halben Jahrhundert teilt ihr nun schon euer Leben miteinander und seid gemeinsam durch Höhen und Tiefen gegangen. Auf den vergangenen Seiten konntet ihr euch vor Augen führen, was in dieser langen Zeit alles passiert ist, wie sich die Welt um euch verändert hat. Auf den folgenden Seiten ist noch ein wenig Platz für persönliche Erinnerungen: Fotos von damals und heute, Glückwünsche von Familie und Freunden oder auch Anekdoten aus eurer gemeinsamen Zeit.

Bildnachweis
Cover: Foto: picture alliance/RIA Nowosti/dpa; Muster: Shutterstock.com
Innenteil: Fotos: S. 43 u. Shutterstock.com, alle weiteren Fotos picture alliance; Hintergründe und Dekoelemente: Shutterstock.com

Ein Imprint der Verlagsgruppe Droemer Knaur GmbH & Co. KG, München
Gesamtgestaltung: Karin Etzold
Text und Bildauswahl: Markus Dolinsky und Anna Pezold, Neumann & Kamp Historische Projekte
Lektorat: Dr. Bettina Gratzki
Redaktion: Ellen Kuthe
Druck & Bindung: AZ Druck & Datentechnik GmbH, Kempten

978-3-629-00027-9
www.pattloch.de
5 4 3 2

FSC www.fsc.org MIX Papier aus verantwortungsvollen Quellen FSC® C004229